...RENCES POPULAIRES
...SILE IMPÉRIAL DE VINCE...
SOUS LE PATRONAGE
DE S. M. L'IMPÉRATRICE

NOTIONS GÉNÉRALES

D'ÉCONOMIE POLITIQUE

PAR

L. WOLOWSKI

Membre de l'Institut,
Professeur au Conservatoire des Arts et Métiers
Et à l'Association polytechnique.

PARIS

LIBRAIRIE DE L. HACHETTE ET Cᵉ

BOULEVARD SAINT-GERMAIN, Nᵒ 77

Prix : 25 centimes

NOTIONS GÉNÉRALES

D'ÉCONOMIE POLITIQUE

IMPRIMERIE L. TOINON ET Cᵉ, A SAINT-GERMAIN.

CONFÉRENCES POPULAIRES
FAITES A L'ASILE IMPÉRIAL DE VINCENNES
SOUS LE PATRONAGE
DE S. M. L'IMPÉRATRICE

NOTIONS GÉNÉRALES

D'ÉCONOMIE POLITIQUE

PAR

L. WOLOWSKI

Membre de l'Institut,
Professeur au Conservatoire des Arts et Métiers
Et à l'Association polytechnique.

PARIS

LIBRAIRIE DE L. HACHETTE ET Cᵉ
BOULEVARD SAINT-GERMAIN, Nᵒ 77.

1866

NOTIONS GÉNÉRALES
D'ÉCONOMIE POLITIQUE

Si j'avais l'honneur d'être un ecclésias-
que, comme le digne prélat, monseigneur
archevêque de Paris, qui a inauguré ces
onférences, je commencerais en vous di-
ant : mes chers frères ! Permettez-moi du
oins de me servir du terme qui, parmi les
ommes, se rapproche le plus de celui de
a fraternité et de vous dire : mes amis. Je
erai heureux si la suite de cette conférence
ustifie à vos yeux cette locution.

Vous avez dû voir que j'arrivais avec
uelque peine à cette place [1]. Un lien se

---

1. M. Wolowski était fort souffrant le jour où il a fait
ette *conférence.*

trouve ainsi formé entre vous et moi; c'est un écloppé qui va parler à des écloppés.

Je dois vous entretenir de questions graves, fort sérieuses pour vous, et j'ose le dire pour votre avenir. Je dois vous entretenir de problèmes en apparence sévères, difficiles, mais (c'est peut-être une illusion de ma part) ces problèmes me semblent au contraire offrir le sujet d'étude le plus simple, le plus accessible à l'esprit de tous; ce sont des problèmes qui touchent à votre existence même, à vos labeurs, à la récompense de ces labeurs de chaque jour.

L'Économie politique, c'est là un grand terme qui effraye quelquefois par sa majesté; on la présente comme la science de la richesse des nations. Peut-être qu'envisagé de ce côté le problème vous semblerait un peu ambitieux; ce n'est pas la richesse qui

us préoccupe pour la plupart. Vous n'as-
rez qu'à une certaine aisance, lorsque votre
travail de chaque jour vous procure la récom-
nse légitime de vos efforts.

Mais l'Économie politique, comme le
nus antique, a deux faces. Si d'un côté on
voit s'occuper de l'accroissement de la ri-
esse, de l'autre, elle n'emploie pas moins
sollicitude au soulagement de la souf-
ance, à la diminution de la misère. Elle
y voue avec des moyens qui lui sont pro-
es, elle ne fait pas de la charité. La
arité, c'est le premier élan du cœur, lors-
'on voit quelqu'un souffrir, on veut lui
êter aide et assistance, le secourir de toute
anière. C'est là un bon, un noble senti-
ent; pour ma part je me croirais coupable,
, en quoi que ce soit, je devais tendre à l'af-
iblir et à en diminuer l'application.

Rien n'est difficile comme de faire
bien ; quelquefois alors que l'on est pénét
du plus vif, du plus ardent désir de le ré
liser, on s'égare par l'empressement mên
de la bonne volonté.

Je ne suis pas de ceux qui condamnent
charité, mais comme avant tout je veux voi
parler avec une pleine et entière franchis
et ne rien vous cacher, je dois avouer qu'
est des hommes éminents parmi lesque
il s'en trouve que j'aime, que j'honore
que j'admire quelquefois, des économiste
qui poussant la rigueur d'un principe ab
solu jusqu'à ses dernières conséquences
disent : la charité est une chose funeste
il faut la proscrire d'une manière ab
solue.

Ils deviennent, si je puis me servir de cett
expression, inhumains par amour stoïqu

₂ l'humanité. Pénétrés d'une profonde
₄ ᵧmpathie pour leurs semblables, ils veulent
ᵤe la misère ait un terme, ils comprennent
₂ merveille que pour que ce terme arrive,
ᵤur que la misère s'efface, il faut relever
homme, le rappeler à la force morale, à la
ignité, lui donner en même temps l'énergie
₂ l'intelligence du bien.

C'est là une grande, une belle doctrine !
Iais elle côtoie la perfection absolue, et nous
ₒmmes tous des hommes, nous faisons partie
e l'humanité qui est loin d'être parfaite ;
lle peut être exposée à des revers immérités,
ₐmporaires, la maladie par exemple qui
ient atteindre des hommes de bonne vo-
ₒnté et ne demandant pas mieux que de
ₒntinuer à gagner honnêtement leur vie ;
lle les cloue sur un lit de douleur et les
orce à renoncer au travail.

1.

Dans ce cas, la charité non-seulement est une chose sainte, mais c'est une chose nécessaire, utile dans son application immédiate; je la retrouve dans cet asile, qu'une noble et généreuse inspiration a fait établir à côté de la capitale, aujourd'hui ville de manufacture de premier ordre. Paris est devenu le grand champ de bataille du travail, Vincennes en est l'ambulance.

Il y aura toujours des pauvres parmi vous, a dit la parole divine, je suis loin de voir dans cette grande sentence une condamnation, j'y vois plutôt l'espérance du soulagement de ces pauvres, que l'humanité renfermera toujours dans son sein. S'il fallait, pour être parfait, abdiquer le sentiment, fermer les yeux au spectacle de la misère et le cœur aux accents de la pitié, je ne saurais me résigner à un pareil effort :

Et je rends grâce au ciel de n'être pas Romain
Pour conserver encor quelque chose d'humain.

Mais les deux œuvres peuvent marcher de front.

Les accidents, les maladies, les souffrances imméritées prépareront toujours un large domaine à la charité; cependant, pour que la charité soit clairvoyante, pour qu'elle ne s'exerce que pour le bien et n'entraîne jamais, avec les meilleures intentions, des conséquences mauvaises, même pour ceux qu'elle assiste, il faut qu'elle se borne à porter remède à ce qui est un mal temporaire, qu'elle ne change pas la situation, qu'elle crée par ses bienfaits, en une situation permanente qui pourrait affaiblir les forces vives de l'homme, source unique de sa dignité et de sa puissance.

C'est de ce côté que tendent les efforts de l'économie politique. La charité est en quelque

sorte l'huile qui aide à panser les plaie; i
elle peut faciliter le jeu des rouages ; ma
le travail bien dirigé, le travail énergiq
et intelligent agit seul comme la vape;
qui donne l'impulsion à la grande machi;
industrielle de l'humanité.

Pour en finir avec ce côté de la questio;
je dirai qu'il y a danger, avec un exerci;
inintelligent de la charité, d'aggraver;
cause d'un mal contre lequel protestent;
nos sentiments et nos consciences, et qui;
reçu dans les temps modernes le nom;
Paupérisme.

Le mot est nouveau ; le mal, do;
il est l'expression, est aussi ancien que;
monde, il était même beaucoup plus gra;
dans les temps passés qu'il ne l'est aujou;
d'hui.

Quoi qu'il en soit, pour empêcher qu';

'étende, il ne faut pas en rendre les cau-
plus difficiles à extirper. Or, la cause
mière de ce mal c'est l'abandon de
mme par lui-même. En effet, la force la
grande que l'homme ait à sa disposition,
e qu'aucune puissance ne peut rempla-
richesse qu'aucun trésor ne peut éga-
c'est la force que chacun puise en lui-
ne, c'est le *help yourself* des Anglais et
Américains. : c'est notre **Aide-toi**, *le*
! t'aidera.

Aide-toi toi-même, et tu trouveras plus
ressources dans l'énergie de ta volonté
le ton action que dans tous les secours
érieurs qui sont bons, utiles, alors qu'il
git de pourvoir au plus pressé, à un
l inopiné, mais qui pourraient devenir
estes si le secours temporaire se chan-
ait en une institution permanente.

Grâce au ciel, et à la haute pensée qui a présidé à l'institution de cet établissement, ce grave écueil, contre lequel l'Économie politique a toujours protesté, se trouve écarté. Dans cet asile impérial de Vincennes, en même temps qu'on s'appliquait à réunir les moyens propres à rendre une pleine santé aux ouvriers arrêtés dans le cours de leurs travaux par la maladie, on s'est appliqué aussi à relever leur force morale, à leur inspirer des idées justes sur les questions qui doivent les toucher de plus près et qui peuvent le plus influer sur leur avenir, à les familiariser avec des idées saines qui doivent remplir à la fois deux buts aussi essentiels l'un que l'autre, celui de l'amélioration de leur sort individuel, celui de l'amélioration de la situation générale de leurs familles.

Nous vivons dans un siècle qui se distingue

entre tous les autres par les magnifi-
inventions de la science, par l'applica-
féconde des conquêtes de l'intelligence
aine aux différentes branches de l'in-
ie. Nous admirons avec raison cette
ur qui vient donner la vie et le mou-
ent à d'innombrables moteurs; nous ad-
ns ces chemins de fer qui suppriment
stance, ces bateaux à vapeur, véritables
s flottantes, qui transportent de l'autre
de l'Océan des multitudes humaines;
admirons ce télégraphe électrique, qui
qu'à un même moment on peut compter,
puis employer cette expression et si elle
ous paraît pas trop ambitieuse, les pul-
ns de l'humanité tout entière, et se
tre en communication avec les extrémités
globe.

h bien, il y a quelque chose au monde

que j'admire plus que ces merveilleuses
couvertes, quelque chose qui me paraît p
fécond et plus grand encore que ces fo
mises avec tant d'abondance à la dispos
de l'homme ; ce quelque chose, c'est l'att
tion avec laquelle vous m'écoutez ici ;
quelque chose, c'est de voir des hom
voués à un rude labeur, et qui, dans
temps passés, étaient étrangers au dé
loppement de l'esprit, donner aujourd'
l'exemple de cet amour fervent pour la c
ture de l'intelligence, qui pénètre les ma
populaires ; c'est là ce qui me paraît être
signe du temps le plus considérable ;
pensée humaine s'élève, et, en s'élevant,
permet de multiplier à la fois les moyens d'
tion sur le monde extérieur, et les moye
les plus puissants, les plus précieux ; d'i
fluence sur le monde intérieur, sur l'âm

qui épurent et qui ennoblissent l'esprit

homme.

homme pense aujourd'hui, c'est là le

d fait du xixe siècle. L'homme pense!

l y ait des esprits attardés qui s'en affli-

tandis que d'autres, et je me plais à me

du nombre, s'en réjouissent, tout le

de doit assigner comme le premier but,

me le but le plus considérable, que

mme qui pense, pense juste! Car s'il

sait faux, s'il se laissait séduire par de trom-

ses apparences, s'il prêtait l'oreille au so-

sme au lieu de suivre ce que lui enseigne

oix de la vérité et de la science, alors,

heur à nous tous, car la force aujourd'hui

artient à l'esprit de l'homme. La con-

nte, la violence sont peu de chose, ce qui

tout puissant, c'est la raison, ou ce qui

prunte le masque de la raison.

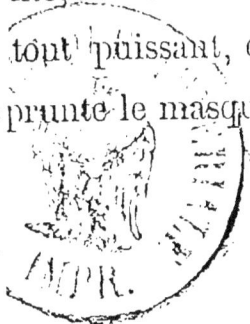

C'est la raison de l'homme qu'il faut par conséquent éclairer. C'est là aujourd'hui le premier devoir à remplir.

Il faut l'éclairer, surtout chez ceux dont on peut comprendre et excuser certaines défaillances; il faut l'éclairer, surtout chez ceux qui souffrent davantage, et qui par là peuvent devenir plus accessibles aux suggestions de doctrines fatales, de promesses décevantes, car ils n'aperçoivent pas d'une manière assez nette quelle est la voie droite qui peut les conduire à l'amélioration de leur sort.

Tel est le grand but que l'économie politique s'est assigné; c'est le grand travail qu'elle accomplit en ce moment. S'appropriant la grande parole que faisait entendre aux païens, dans les premiers siècles de l'Église, un apologiste du christianisme:

us ne datons que d'hier, et déjà nous em-
ons vos temples, vos villes, vos palais,
 sommes partout, » les économistes peu-
 dire avec un légitime orgueil : « Hier,
 étions quelques-uns à peine ; demain,
 - être, tous seront avec nous ; hier
 re on pouvait nous nommer comme
 res exceptions, aujourd'hui nous som-
 partout, et nous étendons de plus en
 l'empire d'une doctrine qui est la doc-
 de l'harmonie, de la justice et de la
 orde dans le monde de l'industrie et du
 ail.

a première, la plus féconde, la plus
 e des causes de la souffrance, c'est l'idée
 répandue d'un antagonisme permanent,
 e lutte incessante entre les divers inté-
 qui s'agitent dans ce monde. Un de
 vieux écrivains, le sceptique Montaigne,

avait déjà dit : « Le mal de l'un fait le [bien]
de l'autre ; » n'en déplaise au génie de M[on-]
taigne, c'est le contraire qui est vrai. L'[éco-]
nomie politique soutient, et sans trop [d'a-]
mour-propre elle peut dire qu'elle l'a [bien]
démontré, que le bien de l'un fait le bie[n de]
l'autre, que le mal de chacun fait sou[ffrir]
autrui. Il existe entre tous les homme[s un]
lien de solidarité qu'ils ne peuvent seco[uer]
aujourd'hui que grâce à la rapidité des c[om-]
munications les intérêts, au lieu d'être l[oca-]
lisés et isolés comme ils l'étaient dans le[s so-]
ciétés arriérées, sont mêlés et se confond[ent]
de plus en plus de manière à embrasse[r le]
monde dans un immense réseau ; les s[ouf-]
frances les plus éloignées se répercutent c[hez]
nous, et c'est justice ! Nous souffrons [de]
toute catastrophe qui s'accomplit par [le]
monde, et c'est bien que nous en souffrio[ns]

ous devons aider à la réparer. Il y a
tous les hommes comme un lien de fra-
é, qui se trouve consolidé, cimenté par
bles enseignements de la science au
le laquelle je vous parle en ce moment.
is, dira-t-on, beaucoup de grands esprits
ensé le contraire ; ce n'est pas seulement
aigne qui en raillant, en transportant
cette grave question les habitudes du
icisme, a soutenu l'opinion que vous
amnez ; Voltaire lui-même, Voltaire,
des plus larges intelligences qui aient
é dans ce pays, n'a-t-il pas dit : « Les
es sont ainsi arrangées dans ce monde
ce qu'une nation gagne, il faut qu'une
e nation le perde ; » c'est la doctrine de
taigne transportée sur le terrain des rap-
s entre les peuples. Et un écrivain de
jours, d'une grande célébrité, dont il

m'est permis de parler, maintenant qu'il [...]
descendu dans la tombe, parce que je l[...]
combattu lorsqu'il était vivant, lorsque [...]
plume courait alerte et guerroyante, Pr[...]
dhon disait, comme Voltaire : « Il est cla[...]
que ce qu'un homme gagne, un autre l[...]
perd. » Ce qui est clair heureusemen[...]
c'est le contraire. Tout bénéfice qui d[é...]
rive de la perte infligée à autrui est un bén[é...]
fice mauvais, dont la source tarit bien vite[...]
Il faut que le gain de chacun concorde ave[c...]
le profit de tous, il faut que si un entrepreneu[r...]
gagne, par exemple, alors qu'il poursuit de[s...]
travaux utiles, les ouvriers employés par lui [...]
y gagnent aussi ; si la production s'étend, si [...]
elle devient plus abondante, si par conséquent la part destinée à chacun des membres[...]
de la société promet d'être moins exiguë, il [...]
faut que le salaire des ouvriers s'élève, en [...]

ɔ: temps que s'accroissent les profits de
ɔ.ɔpreneur, et, j'en ai la conviction pro-
ɔ., les profits de l'entrepreneur ne peu-
ɔ.̀tre permanents qu'à cette condition.
ı ne peuvent durer, s'étendre, que si les
ı ɔs des ouvriers s'élèvent en même
ɔ·;; loin qu'il y ait antagonisme entre le
ɔ. de celui qui dirige le travail et le bé-
ɔ de ceux qui l'exécutent, une heu-
ɔ harmonie relie les deux intérêts; ce
que lorsqu'ils se trouvent satisfaits en
ɔ temps, que la production peut se dé-
ıper d'une manière féconde au bénéfice
ıs.

ıssi je réprouve de toutes les forces de
âme les doctrines qui sèment la divi-
et la discorde entre les divers membres
e société de plus en plus vouée au
ıl. Les oisifs, ceux qui ne font rien,

sont de plus en plus rares de nos jours,
division du travail fait que les occupati
diffèrent infiniment; mais à l'exception d
petit nombre d'hommes tout le monde
occupé, ceux qui ne le sont pas matérie
ment le sont de leur esprit, de leur inte
gence. S'il en est qui profitent du loisir
leur a fait le travail du passé, aussi sacré d
ses résultats que le travail présent, s'il en
qui en profitent pour ne rien faire, pour
livrer à la dissipation, ah ! cette fortune q
leurs pères ont amassée, glisse bientôt
travers leurs doigts, elle ne tarde pas à
abandonner. La sainte loi du travail devie
de plus en plus la loi de tout le monde, c'e
la loi de la société moderne.

Sans doute des tiraillements se produisen
des embarras, des souffrances éclatent,
ceux qui dans un généreux élan supposaie

.i l'homme rendu à lui-même, l'homme
i clamé définitivement libre par la grande
solution de 1789, était appelé à effacer
e trace du mal sur cette terre, ceux-là
quiètent et se demandent si nous n'avons
. fait fausse route, s'il ne faudrait pas
. ousser chemin, ou bien se précipiter
1 bond gigantesque vers un avenir in-
. nu; ils dédaignent l'humilité du sol,
oudraient s'élever en ballon. Ces exagé-
ons n'ont que trop longtemps égaré les
. its : on a trop parcouru le monde en
. ostat, il est temps de toucher terre. Les
.frances qui se produisent et que je suis
. de vouloir nier, tiennent surtout aux
leurs de la croissance. L'enfant les subit
r acquérir la taille d'un homme, il en
. de même des sociétés. Le monde mo-
ne en est encore à ces tiraillements,

2

mais il se développe, il marche vers le but

La séve de la jeunesse l'anime, et comme l'a dit avec autant de sens et d'esprit mon excellent ami Edouard Laboulaye, ce qu'on accuse souvent d'être du vin qui vieillote ou qui aigrit, c'est du vin nouveau qui fermente.

Pour obtenir un liquide généreux, utile à la santé des hommes, il faut écarter les mauvais ferments, il faut éliminer ce qui pourrait tout corrompre ; telles sont les fausses idées relatives au salaire, au capital à la propriété, à l'impôt.

Il ne me déplaît pas de prendre le taureau par les cornes, et d'attaquer les idées que je crois erronées, sous la forme la plus absolue et la plus raide, sous la forme qui a pu séduire le plus d'esprits ardents et inexpérimentés.

Tout est l'œuvre du travail, a-t-on dit; pourquoi ceux qui travaillent ne recueillent-ils pas ce qu'ils produisent? pourquoi le fruit de leur labeur doit-il se partager entre eux et d'autres qui n'ont rien fait? s'ils obte-aient tout le produit du labeur auquel ils ont seuls un droit absolu, leur position deviendrait heureuse, rien ne leur manque-ait. Ils souffrent du prélèvement injuste, fait par d'autres sur ce qu'ils ont seuls créé et mis au monde; s'ils en avaient la jouissance pleine et entière, les plaintes cesseraient en même temps que les souffrances.

Savez-vous où il est vrai de dire d'une manière absolue et aveugle, que tout le produit du travail de l'homme lui appartient? C'est chez le sauvage, dont le travail isolé ne donne que de maigres résultats. Si l'homme n'a pas à sa disposition l'intelligence qui sait

dominer la matière, les instruments à l'aid[e]
desquels il l'assouplit et arrive à terminer un[e]
besogne considérable dans un temps relat[i]-
vement beaucoup plus court; s'il ne possèd[e]
pas les approvisionnements indispensabl[es]
pour le mettre à l'abri des soucis du lend[e]-
main, qui empêchent tout développeme[nt]
des idées d'avenir, et d'un travail accomp[li]
sur une échelle plus considérable; s'il n'[a]
pas la certitude que les produits du labeu[r]
appartiendront à celui qui les a créés et n[e]
lui seront pas ravis par la violence; s'il n'[a]
pas la sécurité dont jouissent les sociétés c[i]-
vilisées, il obtiendra tous les produits d[e]
son travail, sans partage, sans distractio[n]
aucune, et il sera le plus misérable des êtr[es]
qu'on puisse rencontrer sur la terre.

Transportez-vous par la pensée, et nou[s]
ferons un jour ensemble ce rapide voyag[e]

utour du monde, transportez-vous dans les
ntrées dans lesquelles on n'est pas con-
mné à ce qu'on a nommé d'une ma-
ère étrange la dernière forme de la servi-
de, je veux parler du salariat, qui, bien
mpris et équitablement pratiqué, est au
ntraire la première forme de la liberté,
r sous l'empire de lois qui respectent la
erté humaine, qui font régner l'équité et
justice, le salaire est l'expression de la ré-
unération légitime du travail de l'homme
bre; transportez-vous par la pensée dans
s contrées où il n'y a pas de capital, c'est-
dire où l'homme n'a aucun instrument
uissant à sa disposition, dans les contrées
la propriété n'existe pas, où le capital n'est
s formé, dont l'impôt est absent, qu'est-
que vous verrez? Des hordes sauvages qui
rent sans abri, exposées aux intempéries

2.

de l'air, décimées sans cesse par la sou[f]-
france et la faim ; ces malheureux ne par[ta]-
gent le produit de leur triste labeur avec p[e]r-
sonne !

Pourquoi y a-t-il en même temps équi[té]
et utilité; car la justice et l'utilité marche[nt]
toujours d'accord, ce n'est qu'une vue inco[m]-
plète et fausse qui peut les séparer, po[ur]-
quoi y a-t-il en même temps utilité et équi[té]
à ce que les produits du travail n'apparti[en]-
nent pas en entier à l'ouvrier qui les façonn[e]
Il suffit, pour l'apprendre, de s'adresser[à]
cet instinct du juste et du vrai qui repose [au]
fond de toutes les âmes. Le meilleur ouvri[er]
reconnaîtra facilement, pour peu qu'il réfl[é]-
chisse, que si on ne lui avait pas confié d[es]
instruments pour l'accomplissement de s[on]
œuvre, s'il n'avait eu à sa disposition que s[es]
forces naturelles, il ne saurait faire grand[e]

se. L'homme isolé, ce Robinson de nou-
le espèce, s'il produit un, par exemple,
s instruments, sans capital, sans sécurité,
duira dix, s'il a des instruments, si un
ital formé vient à son aide, et si la sécu-
vient couvrir de son égide les résultats
son travail.

Supposons que ce produit de dix se partage
moitié entre lui, ceux qui lui ont pro-
ré les divers instruments dont il a pu dis-
ser, c'est-à-dire les capitaux qui sont venus
on aide, et ceux encore qui ont veillé à la
urité du résultat de son travail : il aura
q. Il n'aura que la moitié du produit total,
a est vrai, mais il n'en aura pas moins le
intuple de ce qu'il aurait obtenu sans le
ncours des autres éléments de la produc-
m, qui sont entrés dans l'œuvre com-
une et qui, par conséquent, ont un droit

légitime au partage du produit comm

L'égoïsme a la vue courte. On croit bé
ficier parce qu'on écarte des copartagear
On ne songe pas suffisamment qu'en supp
mant les copartageants on supprime a
les éléments qui coopèrent à l'exécution
l'œuvre, à l'abondance et à l'améliorat
de la production. Rien n'est plus facile
de secouer le joug de ce tyran farouche,
ce monstre dévorant qu'on nomme le *capi*
On n'a qu'à ne pas s'en servir. C'est un
ran d'une singulière espèce, il faut l'avou
il fait le plus de mal lorsqu'il se cache
est toujours facile d'échapper à cette tyr
nie en laissant de côté les instruments
travail qui appartiennent à autrui, les
provisionnements que l'économie huma
a accumulés pour les besoins de l'aven
Qu'on se replie sur soi-même, qu'on se

dans sa faiblesse, qu'on s'isole de ses
blables et de leur activité prévoyante,
btiendra-t-on?

outez ce que va nous dire à ce sujet un
me de grand sens, un ouvrier anglais,
Fauster, dans une de ces belles enquêtes
suivies chaque année de l'autre côté du
it, et qui heureusement commencent à
limater dans notre pays. Il s'agissait
dier la situation faite aux ouvriers tis-
ds par l'introduction des machines qui
mplissent le travail exécuté autrefois par
uvriers, avec une supériorité écrasante
le rapidité invincible. On demandait à
Fauster : « Croyez-vous que ce serait
bonne chose que de supprimer ces ma-
es? » Il répondit ! — « J'ai cruellement
fert; les machines m'ont enlevé mon pain
haque jour et le pain de mes enfants, et

cependant, je le dis hautement : Non! i
faut pas supprimer les machines. Tout
machine dans l'industrie la plus élément
comme dans l'industrie la plus dévelop;
tous les instruments mis à la dispositio
l'homme de labeur, excepté les ongles et
dents dont la nature nous a doués, sont
machines. Pour les détruire, il faudrait
noncer à l'aide de tous ces engins qui
décuplé, centuplé nos forces, il faudrait
noncer à travailler autrement qu'avec
ongles et avec les dents. » Telle a été la
ponse décisive de Fauster : elle me disp
de rien ajouter.

Renoncer au concours du capital, ce
rait briser le levier le plus énergique,
plus bienfaisant du travail lui-même.

La propriété... vous voyez que je p
rapidement sur le sommet des choses

ne me permet malheureusement pas
er dans les développements que le sujet
orte, c'est un inconvénient que je dois
; car, plus je pourrais donner de déve-
ment à ces idées, plus j'aurais l'espé-
qu'elles prendraient possession de
esprit. La propriété, c'est, dit-on, une
très-commode pour ceux qui sont
iétaires, mais ceux qui ne le sont pas
payent rançon. — Loin de s'imposer
ne une odieuse exploitation de l'homme,
opriété est un immense service rendu à
nanité; elle est l'expression de la li-
, et si nous restons dans l'idée pure et
le de l'utile, en aidant à la multiplica-
de la masse des produits, comme tous
roduits en fin de compte sont destinés
homme, la propriété rend la part de
un moins exiguë.

Il y a dans l'arrangement harmonique d
choses de ce monde, il y a dans les desseins
la divine Providence, quelque chose d'adm
rable. Le travail ne peut rien sans le capita
mais le capital ne peut rien non plus sans
travail qui le met en œuvre ; isolé, il demeu
stérile. Il en est de même de la propriét
Un appel incessant au travail se fait p
l'extension du capital et par l'extension
la propriété ; un équilibre harmonique f
conde tous les efforts, consolide les résulta
acquis, et profite à tous ceux que réunisse
les rapports sociaux.

Beaucoup d'entre vous connaissent sa
doute un des plus ingénieux apologues q
nous ait légués l'antiquité. C'est la fable
l'Aveugle et du Paralytique. L'aveugle
peut se conduire, le paralytique est co
damné à rester en place. Mais du mome

à l'aveugle a pris le paralytique sur les
paules, tout va bien ; le paralytique peut
ler où ses besoins l'appellent, et guide
aveugle dans sa marche ; c'est ainsi qu'ils
rivent tous deux à bon port. Il en est
e même des hommes, divisés en apparence
; qui, en se prêtant un secours mutuel, ar-
vent à réaliser les plus grandes choses.
ravail, capital, propriété, engins puissants
t féconds ! qu'on les isole, ils ne peuvent
ien ; qu'on les rapproche, ils peuvent tout !

Oui, il existe entre ces éléments une dé-
endance nécessaire, inévitable, que nous
evons bénir au lieu de nous en plaindre ;
l existe une dépendance mutuelle qui relie
ous les membres de la société dans quelque position qu'ils se trouvent placés, et qui
elie surtout en trois grands leviers : le tra-
rail, le capital et la propriété ; c'est lorsque

l'union la plus complète existe entre ces tro[is]
éléments que la justice s'établit d'une manièr[e]
solide.

Mais, nous dira-t-on, comment nier un[e]
lutte inévitable? Les belles paroles qu'o[n]
nous débite n'empêcheront pas de voir c[e]
qui est clair comme le jour : l'entreprene[ur]
doit toujours vouloir augmenter ses profit[s]
et par conséquent payer ses ouvriers le moi[ns]
possible, tandis que de leur côté, les ouvrie[rs]
cherchent à gagner le plus possible, et p[ar]
conséquent à diminuer les profits de l'entr[e]-
preneur. Il règne un antagonisme absol[u]
entre le profit de l'entrepreneur et le salai[re]
de l'ouvrier.

Pour mieux élucider cette question, j'us[e]-
rai d'un procédé qui paraîtra peut-être si[n]-
gulier, il me permettra de résoudre e[n]
même temps un autre problème non moi[ns]

ıve. Transportons-nous pour un moment
· un autre terrain, qui ne mérite pas
:ins d'être exploré.

)ue n'a-t-on pas dit du commerce? Le
ımerce est un parasite qui s'enrichit aux
·ens du producteur et du consommateur;
:t une invention funeste. C'est l'art de
dre cher ce qu'on achète bon marché,
t la suprême expression de la lutte qu'en-
te le négoce. Oui! et c'est en même
ps l'expression la plus élevée de l'har-
ıie générale. Il existe dans le monde
al comme dans le monde matériel, des
es qui paraissent se combattre, et
se font contre-poids, au lieu de s'entre-
quer.

ıterrogez le cours des astres dans l'es-
ε. La force centrifuge semble devoir
aîner hors de leurs orbites les planètes

qui nous entourent, la force centripète les ra-
mène toujours vers le soleil. Le balancement
de ces deux forces donne comme résultat
l'harmonie des systèmes solaires qui restent
suspendus dans l'immensité. De même, les
intérêts qui semblent se combattre, et dont
on traduit l'antagonisme par cette expression décisive : le « commerce est l'art de vendre cher ce qu'on a acheté bon marché, » ces
intérêts, hostiles en apparence, contribuent
à faire régner la justice dans les rapports sociaux ; ils amènent à l'équilibre la répartition
des produits entre les hommes. Que fait le
commerçant ? il achète les choses là où
elles se trouvent en plus grande abondance,
où elles dépassent les besoins de la localité ;
leur prix est bas, et ne rémunère que d'une
façon chétive le travail de ceux qui les produisent. — Le commerçant ne se borne pas

, il recherche aussi les marchés sur lesquels
le besoin de ces choses se manifeste avec le
plus d'intensité ; les produits de la localité et
des contrées environnantes ne suffisent pas
aux demandes, par conséquent la marchan-
ise est chère. En allant chercher la marchandise là où elle est à bon marché, le
commerce en relève le prix avili, il accroît
la rémunération du travail qui était insuffi-
sante. Il apporte ces produits dans les pays
où la marchandise est chère, où elle impose
un trop lourd sacrifice aux hommes qui travaillent.

Il est facile de mesurer les conséquences
de ce déplacement actif et prévoyant ; l'intérêt qui fait rechercher le bon marché pour
acheter, la cherté pour vendre, arrive à établir l'équilibre. Tout le monde en profite.

Il se passe quelque chose d'analogue, si-

non d'identique, à l'égard du profit de l'en
trepreneur et du salaire de l'ouvrier ; le je
naturel des forces, dont on dénonce la lutte
conduit à un double résultat, égalemen
avantageux ; le salaire élevé et un large pro
se concilient avec le produit obtenu à bo
marché. J'espère vous le démontrer tout
l'heure.

Je tiens autant que possible à rester sur
terrain des réalités, à ne pas m'égarer dan
les nuages, à ne pas poursuivre de chimèr

Je prends les hommes tels qu'ils son
tout homme, quelque pénétré qu'il soit
l'amour de ses semblables, a aussi, je
l'ignore point, un grand amour pour l
même, qui pèse dans la balance. Sans dou
les entrepreneurs désirent réaliser des l
néfices, et les ouvriers voir élever leu
salaires. Mais comment les entrepreneu

ourront-ils réaliser des bénéfices? Par l'ex-
asion et l'amélioration de la production.

mment les ouvriers pourront-ils obtenir

ugmentation de leurs salaires? C'est aussi

l'amélioration et l'augmentation de la

oduction.

Cette loi qu'on a accusée d'être aveugle et

ale, cette loi de l'offre et de la demande, il

it mieux la comprendre; quelques mots

illeurs suffiront pour l'expliquer.

La rémunération légitime de celui qui

vaille, et dont nous devons le plus nous

uper, dépend toujours du rapport entre

ffre et la demande du travail. Le grand

bden, l'homme illustre qui a tant fait

ur activer les communications faciles entre

peuples, alors qu'il a porté la main sur le

il attirail du régime protecteur et du ré-

me prohibitif, et fait de larges trouées

dans les barrières de la douane, Cobden disait : « Le plus grand problème de l'Économie politique se réduit à deux termes des plus simples : Quand deux maîtres courent après un ouvrier, les salaires haussent ; et quand deux ouvriers courent après un entrepreneur, les salaires baissent. » C'est l'expression la plus élémentaire de la loi de l'offre et de la demande. Est-il vrai que ce soit là une loi aveugle qui plie le monde sous un implacable fatalisme, et qui, au milieu d'une société chrétienne, fasse encore régner le *fatum* antique ? Non ! si les deux termes étant donnés, rien ne peut changer le résultat de cette proportion, il est permis à l'homme d'agir sur ces deux termes et d'en modifier la nature. Quand il s'agit d'offrir du travail, occupons-nous de l'offrir meilleur, qu'il s'accomplisse avec plus d'intelli-

ice, de sagacité et d'habileté. C'est ainsi
e l'instruction, largement répandue parmi
x qui se livrent au labeur de chaque jour,
améliorant la qualité du travail, multipliera
omme et améliorera la nature des produits.

n autre côté, comment faire pour arriver
résultat que Cobden résumait d'une façon
pittoresque? Comment faire qu'il y ait
jours deux entrepreneurs qui courent
s un ouvrier? Il faut simplement, pour
a, augmenter la masse des capitaux dispo-
les. Comme les capitaux ont besoin du
vail, ils y feront un appel de plus en plus
ergique, et réaliseront l'espoir de Cobden.
s ouvriers, en même temps, offriront un
vail plus fécond, plus productif, parce
ils seront plus intelligents et plus actifs. De
tte manière, la masse accrue de la produc-
on présentera une augmentation de bénéfice

3.

pour les entrepreneurs et un accroissement
de salaire pour les ouvriers. Tel est le conso-
lant tableau qui doit réjouir l'âme, au lieu de
cette triste condition à laquelle le sophisme
voudrait condamner l'humanité en voilant,
au moyen de prédications sinistres, les véritables données du problème.

J'ai seulement indiqué quelques moyens;
il s'en présente à l'infini. A mesure que les
magnifiques voies de communication percées
aujourd'hui de toutes parts et sur lesquelles
glissent les locomotives, rapprochent les
contrées les plus lointaines, il naît une nou-
velle demande de produits, dans les pays où
on va les chercher, parce qu'ils s'y trouvent à
meilleur compte, pour les transporter dans
les pays où on les paye plus cher. La sécurité qui règne, grâce à une société à la fois
librement et fortement constituée, permet à

chacun d'espérer, que lui ou ceux qui lui
sont plus chers que lui-même, ses enfants,
ceux auxquels il a voué son affection et
sa tendresse, pourront profiter des résultats
de son labeur; est-ce que cela ne donne pas
une singulière énergie à l'effort de l'homme
et n'en augmente pas la puissance? La sécurité qui protége les produits du travail, crée
une demande de travail énorme qui naît
d'une manière continue, et qui améliore la
condition de ceux qui ont leur labeur de
chaque jour à offrir contre une rémunération
journalière, de ceux surtout qui, plus in-
struits, habitués à des procédés d'application plus ingénieux, plus perfectionnés,
fourniront aussi du travail meilleur, et, par
conséquent, pourront aspirer à des parts plus
considérables dans l'œuvre commune de la
production.

Quoi qu'on fasse, on ne saurait obtenir pour prix du concours direct ou indirect qu'on a prêté à une production quelconque, qu'une part du résultat acquis, et pour qu'une augmentation de cette part ait lieu, il faut avant tout que la masse à partager devienne plus considérable. Là où il n'y a rien, le roi perd ses droits, et si le roi de ce monde doit être *le travail*, il perd aussi les siens là où la production est chétive. Demandons-en la preuve au calcul. Je n'ai pas produit beaucoup de chiffres jusqu'à présent; je vous demande de recueillir celui-ci. La France, — on fait précisément en ce moment même un recensement de la population pour 1866, — la France possède actuellement 38,000,000 d'habitants. Prenons un chiffre rond, celui de 40,000,000, nous ferons ainsi la part de l'avenir. La masse totale

l production est évaluée par des calculs
ximatifs à 16,000,000,000 de francs.
un chiffre colossal en comparaison de
qu'accusait la production française au
nencement de ce siècle, alors que l'in-
nce humaine et le développement de
istrie n'avaient pas accompli les mer-
s dont nous sommes les témoins. Eh
16,000,000,000 de production pour
0,000 d'habitants, le calcul est assez
e à faire. A combien cela revient-il par
'habitant? A 400 francs par an. Si l'on
quait cette répartition, sans distinction
ne, à tous les habitants du pays, si l'on
rimait les droits légitimes du capital, de
opriété, voici quelle serait la part de
un, sous le niveau le plus brutal. Sans
e beaucoup ne seraient pas satisfaits et ne
veraient pas suffisant d'avoir vingt-deux

ou vingt-trois sous à manger par jour. Ils
blieraient qu'il n'y a pas un demi-siècle, c
quote-part était encore beaucoup moind
qu'il fallait la réduire d'un grand tiers. O
nous sommes pauvres, parce que nous ne p
duisons pas assez, parce que nous n'avons
assez épargné, parce que nous apprenon
peine à mieux produire. La solution du p
blème réside dans l'acccroissement de la ma
de la production. Nous sommes libres, la
volution de 1789 a rendu l'homme à lui-mêe
l'égalité règne dans nos lois, et certaines
cunes qui peuvent y exister, se trouve
mieux comblées de jour en jour. Les r
ports entre les hommes s'accomplissent ma
tenant sous l'empire de lois équitables
justes. Augmentons la production; la rép
tition des produits, sous l'empire de c
lois, se fera de manière à profiter à tout

, de manière à relever surtout la po-
de ceux qui souffrent davantage et qui
plus abaissés. Augmentons la pro-
n, et, pour y arriver, développons
les forces vives, et surtout la plus puis-
de toutes, celle qui l'emporte même

concours utile des instruments dont
ious servons, celle qui réside en nous-
, dans notre esprit, dans notre intel-
e et dans la concorde qui doit régner
nous. Nous mettrons ainsi en œuvre
s puissant levier et nous marcherons
s droit au but.

philosophe américain dont je voudrais
ius reteniez tous le nom, car c'est le
d'un des hommes qui font le plus
neur à l'humanité, un humble et mo-
ministre de l'Évangile, qui est arrivé à
ire sans y avoir aspiré, qui a consacré

toute sa vie et toutes ses pensées aux class
laborieuses, Channing, écrivait un jour a
mineurs de Widdersfield (Angleterre), q
voulaient maintenir leurs prétentions p
la violence :

« La passion et la force peuvent renvers
» un gouvernement, mais l'ouvrier sera e
» veloppé dans la ruine commune. Po
» qu'on songe à vous, il n'est besoin ni d'
» meute ni de destruction. Votre vérita
» force est dans la culture de l'intelligenc
» dans la droiture, dans le respect de vou
» même, dans la foi en Dieu, dans la co
» fiance mutuelle qui vous reliera tou
» Voilà ce qui ne peut manquer de vous a
» surer votre juste part dans les avantag
» de la société. »

Dans une autre circonstance Channi
ajoutait :

dépend de vous de gagner en pouvoir
influence du moment où vous gagnerez
umières et en vertu, ne vous laissez
endormir par les flatteries. Votre part
ouveraineté ne vaut que par la ma-
e dont vous saurez l'exercer. Le re-
e à vos maux est l'éducation conscien-
se de vous-mêmes et de vos enfants.
dez-vous dignes de vos droits! »

st là un noble langage, digne de ce
peuple américain qui pratique chaque
es préceptes tombés de la bouche de
ning, et qui respecte tous les droits, ne
t pas follement la destruction de la
riété.

ut a été conquis dans le monde par la
sance du travail et par la puissance de
rgne. C'est en respectant les droits du
taliste et du propriétaire que le grand

peuple américain est arrivé au vaste dével-
pement de ses destinées, qui étonne l'esp
alors qu'on songe au point de départ en
si récent et si humble de cette société i-
mense, et au point où elle est arrivée aujo
d'hui. Une lutte courageuse a mis fin à l'a
bomination de l'esclavage qui souillait
pays. Aujourd'hui l'esclavage a disparu,
félicité, la liberté de ce peuple ne sont p
troublées par aucun remords, par aucu
atteinte portée aux droits sacrés de l'hu
nité.

Je vous ai cité les paroles d'un philosop
américain, je ne veux pas me séparer
vous sans rappeler des pensées analog
émises chez un autre peuple libre, énergi
au travail, puissant par les œuvres de l'i
dustrie.

Que de sophismes n'a-t-on pas dirigés de

contre la propriété et contre l'héritage?

es écrivains les plus illustres de l'An-

re, un des nouveaux membres du par-

it anglais, dont le choix a été salué

e un triomphe par la démocratie la

avancée, John Stuart-Mill, à la fois

sophe éminent et économiste habile, a

des lignes dont je veux encore vous

er lecture.

répond ainsi aux folles attaques diri-

ontre le droit d'hérédité : « Mais ceux

e sont pas propriétaires n'ont-ils rien

les générations précédentes? Est-ce que

fférence qui existe entre la terre telle

le était lorsque le premier homme l'a

éc et la terre d'aujourd'hui , avec ses

chements, ses améliorations, ses routes

s canaux, ses villes et ses manufactures,

rofité qu'aux propriétaires du sol? Est-ce

que les capitaux accumulés par le travail .

l'abstinence des générations précédentes n'c

servi qu'à ceux qui ont succédé à la propri i

légale d'une partie de ces capitaux? N

vons-nous pas hérité d'une masse de scien

acquise en théorie et en expérience par l'i

telligence et le travail de ceux qui nous c

précédés, science dont les avantages sc

une richesse commune à tous? Ceux qui sc

nés propriétaires ont eu, outre l'hérita

commun, un héritage particulier. »

Les peuples, comme les individus, pr

tent de l'héritage commun de lumières et

biens, laborieusement conquis.

Ceux qui ont émis les doctrines de lut

d'antagonisme dont je vous ai entretenus,

ne veux pas accuser leurs intentions,

plupart croyaient combattre pour le b

de l'humanité, ils se trompaient sin

nent sur les moyens. Je n'humilierai,

loute, aucun d'entre eux, en les mettant

d'un de leurs maîtres les plus énergi-

, de celui qui a essayé d'ébranler, de la

la plus forte, les assises de la société, à

de Jean-Jacques Rousseau.

usseau a le premier fait l'apologie de

ame sauvage; « il aurait voulu, dit Vol-

, nous reconduire poliment dans les

et nous apprendre à marcher à quatre

s. »

ousseau attaquait la civilisation et la

riété ; suivant lui, aveu curieux à recueil-

e sa bouche :

Celui qui le premier a tracé des limites

champs, qui le premier a dit : *Ceci est*

oi, est le véritable fondateur de la société

le. »

e fer et le blé, ajoutait-il, ont civilisé et

perdu le genre humain. — Non, le fer et le
blé, en civilisant le genre humain, lui font ac-
complir sa destinée véritable, qui n'est pas de
retourner dans les bois, de demeurer, comme
les sauvages, étrangers les uns aux autres,
de croupir dans l'ignorance, l'abrutissement
et la misère, mais qui est de s'élever ince-
samment, par l'effort moral de l'âme et par
la culture de l'intelligence, vers la satisfac-
tion, de moins en moins incomplète, des besoins matériels; si Dieu n'a pas tracé de
limites aux champs, il n'y a pas non plus
placé la charrue; il a livré le monde à
l'homme, appelé à continuer l'œuvre de la
création, comme la seule créature qui ait obtenu un rayon de l'esprit divin.

Qu'est-ce donc que cette vie sauvage, idéal
du xviiie siècle, dont Rousseau s'était si sin-
gulièrement épris?

evrais m'arrêter ici, car l'heure avance.

ne bornerai à résumer en quelques

les indications que je désirais vous

r d'une manière plus complète.

omme qui n'a que l'usage des forces

elles dont il est doué par la nature, est

s êtres les plus faibles parmi les ani-

Aussi la rémunération du travail

ient mécanique, qui consiste dans

loi de ces forces, sera nécessairement

ie, elle ne pourra égaler ce que coûte

tien d'une bête de somme, et bien

encore, la dépense d'un moteur quel-

e.

quoi l'homme est-il fort? Par son in-

ince, à l'aide de laquelle il conquiert

struments qu'il emploie à son service,

claves de fer et d'acier qui travaillent

ses ordres, qui exécutent des travaux

prodigieux, sans participer à la consom
tion des produits.

Ces machines puissantes qui fabriq
une incalculable quantité de produit
toutes sortes ne se vêtissent pas, ne n
gent pas, et si elles boivent beaucoup
n'est que de l'eau, et ceci ne fait g
tort à personne. Tous les produits de
machines dirigées par l'intelligence
maine, de ces instruments dont la pens
l'homme a armé son bras, contribuent
pandre une aisance plus grande, à dimi
la somme de misère qui existe dan
monde ; car je reviens à mon point d(
part, ce n'est pas seulement de la ric
des nations que l'Économie politique
cupe, c'est aussi de la diminution de l
sère qui pèse sur une partie de la socié
L'usage de ces instruments puissant

machines que l'homme s'est donné pour
iteurs, augmente la production dans une
portion énorme.

voulais signaler plusieurs exemples, je
bornerai à un seul, car je désire vous
lre votre liberté.

faut un bien solide gaillard pour porter
ardeau de cent cinquante kilogrammes. Il
est pas beaucoup qui ne plieraient point
le poids. Mais un bon cheval, un Li-
isin ou un de ces chevaux de brasseur,
me on en voit dans les rues de Londres,
ne aisément un poids de mille kilo-
mmes ; une locomotive Crampton em-
te à elle seule un convoi de six cents ton-
, de six cent mille kilogrammes.

Telle est la différence de la force de
omme et de celle des instruments qu'il a
adjoindre à sa puissance.

4

Je regrette de ne pouvoir vous entrete
nir aujourd'hui de l'exposition universell
de Londres en 1862; elle nous aurait permi
de constater quelles sont les contrées o
l'homme est le plus misérable et celles o
il l'est le moins; il est le plus misérable l
où il n'y a ni sécurité, ni propriété, ni capi
taux; à mesure que la sécurité devient plu
grande, que la propriété profite d'une garan
tie plus complète, que les capitaux sont plu
considérables, la position de tous grandit.

Je me réserve de vous entretenir u
autre jour de ce côté de la question, je n
veux, pour le moment, que mentionner u
fait. J'ai vu à l'exposition de Londres un ba
teau à vapeur mû par une force nominal
de 1,400 chevaux qui pouvait être portée
7,000.

La force d'un cheval - vapeur repr

e au moins celle de deux bons chevaux

hair et en os.

e plus, les chevaux, quand ils ont ac-

pli un rude labeur de huit heures, c'est

; il faut les faire reposer : le cheval-

ur peut travailler les vingt-quatre heures.

i la force motrice du bateau à vapeur

celle de plus de 40,000 chevaux. Quelle

lerie! Dans les grandes guerres de la Ré-

ique et de l'Empire, on n'a jamais mis

gne 40,000 chevaux pour une bataille.

cette cavalerie énorme, que la chau-

d'un vaisseau entraîne à travers l'Océan.

suis obligé de m'arrêter et de renoncer

utres développements. J'espère que cette

sion n'est pas la dernière qui me sera

née de vous entretenir, et que je pourrai

bler les lacunes que je suis obligé de

ser dans cette conférence.

Je voudrais terminer par un résumé ra
pide des principales questions, abordées to
à l'heure ; de crainte de me laisser all
aux entraînements de la parole, je préfè
donner lecture de quelques lignes qui r
produisent fidèlement ma pensée. Je l
puise dans un excellent petit livre : *Du s*
laire, publié par M. Ch. Lehardy de Bea
lieu, professeur d'économie politique à l'
cole des mines du Hainaut ; elles porte
sur le point le plus essentiel, sur la qu
tion de l'harmonie complète entre les in
rêts de l'entrepreneur et ceux de l'o
vrier :

« La société entière est intéressée au bie
être de l'ouvrier. Cet antagonisme que l'
suppose exister entre les intérêts des clas
laborieuses et ceux des classes qui possèd
les instruments de travail n'est qu'un dé

e préjugé, dont les conséquences sont
ère et souffrance pour le plus grand nom-
diminution du bien-être général et dan-
pour la société...

La société sera appelée à jouir d'une dose
bien-être inconnu et presque inespéré
u'ici, le jour où les ouvriers compren-
t qu'il est de leur intérêt que les capi-
se multiplient, puisque l'accroissement
apital implique l'augmentation de la
ande du travail ; le jour où ils compren-
t qu'au lieu de jurer haine au capital,
oivent aider fraternellement le proprié-
à l'acquérir ou à l'accroître, dussent-
e jamais le posséder eux-mêmes ; le jour
les capitalistes et les patrons compren-
t que leur intérêt est attaché à la multi-
ation des sources du travail et que les
riers ne peuvent devenir nombreux, hon-

4.

nêtes, intelligents et forts, que quand
sont bien payés.

» Augmenter le bien-être, la moralité
l'intelligence chez les ouvriers, tel doit do
être l'objet de la constante sollicitude des
trons, dans leur propre intérêt...

» L'égoïsme aveugle et sordide, la viei
routine crient au patron :

» Maintiens l'ouvrier dans l'ignorance
dans la misère, réjouis-toi de son impl
voyance, de son inconduite, de ses vices
de ses malheurs, c'est ainsi que tu le tie
dras sous ta dépendance et que tu auras
travail à bon marché. »

» D'un autre côté, le socialisme réveill
les mauvaises passions de l'ouvrier lui cri
« Haine au patron qui se dit ton maître,
t'opprime et absorbe tout le produit de
labeur; haine au capital qui te tyranni

e aux machines qui t'enlèvent ton tra-

haine à la propriété qui rend le riche

ue jour plus riche, le pauvre chaque

plus pauvre; trahis le patron, ruine le

al, brise les machines, brûle les ateliers

avail divisé, pille, saccage les propriétés

seras libre ! »

ous dirons au patron :

Aime tes ouvriers, éloigne d'eux avec

les causes de la misère, veille sur leur

ation, développe en eux la moralité et

ignité par le précepte, l'exemple, et

bien-être sera la conséquence du leur,

le salaire élevé, c'est le travail à bon

ché. »

t à l'ouvrier :

Aime ton patron, car ses intérêts bien

endus s'accordent avec les tiens. Aide-le à

roître et à conserver le capital, instrument

de bien-être et de liberté, source du salair
réjouis-toi de la propagation des machin
qui t'affranchissent des travaux les pl
rudes, car elles profitent même à ceux q
n'en ont pas. »

Nous dirons à tous :

« Aimez-vous, aidez-vous les uns les at
tres, car, patrons et ouvriers, vous êtes to
frères, tous membres solidaires de la grand
famille sociale. »

. . . .

Ce n'est pas là une vaine illusion, c'est l
réalité des choses.

La parole que je viens de vous rappeler
« le salaire élevé, c'est le travail à bon mar
ché, » cette parole a un grand sens ; le temp
ne me permet pas de la développer, mais que j
puisse le dire au moins, c'est alors que l'ou
vrier est satisfait, que sa gaieté, que sa

entement développent toutes les forces
il est doué, qu'il ne gaspille plus
temps ni les matières premières, qu'il
ocie de cœur à l'œuvre qui lui est con-
et que le travail devient réellement à
marché.

acun de vous le sait. Un ouvrier habile
e de meilleures journées qu'un mau-
ouvrier, et l'entrepreneur intelligent
erche l'ouvrier habile, sauf à le payer
ntage, pourquoi? C'est que si le salaire
mpense un concours plus actif et plus
lligent, il procure les produits *à bon*
ché; tous les intérêts se trouvent con-
s au moyen du travail plus intelligent
lus productif, et au moyen du travail
s demandé, qui s'étend et se développe en
arité sous l'empire de lois égales pour
s, noble apanage de la société moderne.

FIN.

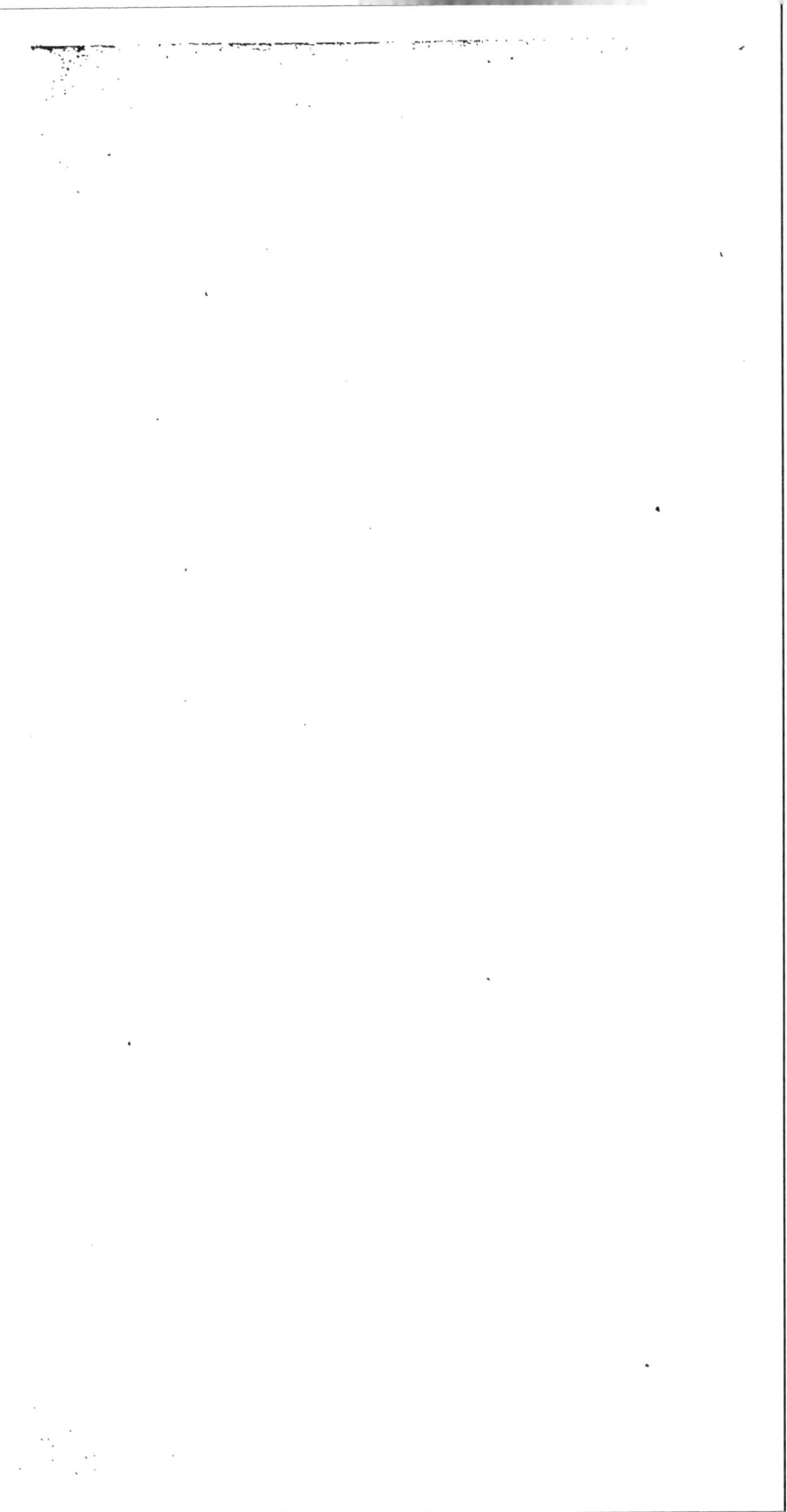

www.ingramcontent.com/pod-product-compliance
Lightning Source LLC
Chambersburg PA
CBHW070857210326
41521CB00010B/1978